단단한 슬픔

단단한 슬픔

신순말 시집

詩와에세이

2013

차례__

제1부

제2부

제3부

제4부

제1부

우물

삼대가 살던 흙집 오래도록 비우더니

하루해에 헐려 오도카니 남은 우물

어두운 우물 속으로 달빛 한 점 이운다

가슴에 자리 잡은 빈 그릇 하나처럼

꿈속 빈집에는 밤도 서둘러 오고

우물엔 계단 오르는 기억의 별무더기

홍어

밑바닥 해감내를
그러쥐며 누웠지만
등줄기
꿋꿋하게, 그래도 살아왔다고

허옇게
배 뒤집고도
침묵으로 말한다

아버지의 바다도
그처럼 난폭해서
연(鳶)처럼
깊은 어둠, 날아가고 싶었을까

곰삭은
막걸리 내음
이제서야 눈물 난다

미역국

산고 끝낸 나보다 더 고단할 어머니는
몸 푼 딸 위한다고 바쁜 걸음하면서
뻘뻘뻘 땀이 나도록 방을 데워주셨다

자도 자도 퍼붓던 잠, 아기와 누운 나는
보오얀 젖 같은 미역국을 들이키며
다시 또 갓난아이 되어 새록새록 잠잤다

아기와 아기 되어 세이레를 사는 동안
예전에 말라버린 쭈그러든 엄마젖을
철없이 화수분인 양 빨아먹은 그 미역국

파꽃

1

아버지 가신 이듬해 여름은 유난히도 더웠다

어머니 호미를 잡고 파밭 고랑에 구부리면 나도 덩달아 쪼그리고 앉아 파밭을 기어갔다 여린 내 손도 일손이었을까 네가 거들어 일이 축나는구나 발갛게 익은 얼굴 위로 연신 땀방울 구르고 더러는 입술에 걸려 찝찔했지만 어머니 그 말씀은 내 어느 곳에 뿌듯이 차올랐다 우리는 어쩌면 어머니에게 알싸한 파꽃이 아니었을까 무더울수록 곧게 기운을 세워 언젠가는 시푸르게 꽃을 피우리라는

그 여름
무더운 하루
파밭 고랑 채우던 햇빛

2

눈가조차 알싸하게

돋아나던 파 향기 속

고랑 메운 그 발자국
앉은걸음 사이로

눕혀진
여린 팟대는
눈을 뜨며 일어섰다

투명하게

앓던 이로 몸살 몹시 하셨던 어머니
이 뽑는단 말에 나보다 더 아프시다
전화선 저 너머로도 찡그리신 얼굴이다

탯줄, 툭 끊어져 사십 년이 넘었어도
어머니와 나 사이 뵈지 않는 저 탯줄
아직도 끊어지지 않았다, 투명해져 있을 뿐

울 아부지

한낮 냇가에서 피리를 몇 낚았지요
참 물이 맑구나 물무늬도 곱구나
햇볕에 익어버리는 몸뚱이도 잊었지요

숨 가쁜 밭고랑서 오디처럼 검게 익던
스무 해 전 아버지가 어제인 듯 떠올라
텁텁한 막걸리 내음 코끝으로 스미네요

이승의 언덕에서 노목으로 계시다면
울처럼 든든해진 당신의 가지 새로
환하게 쏟아내리는 햇빛다발 드리고파요

국화꽃 문살

달빛과 햇빛을 모두어 들이고도
어머니는 왜 꽃빛까지 거두셨을까
뽀얗게 바른 문살에 국화꽃을 붙이셨다

덧붙인 창호지에 꽃숭어리와 이파리
이마 맞댄 꽃 그림자 도란도란 서성이고
그 빛에 잠을 들이면 스쳐오는 눅은 향

가을이 다 가고 겨울을 맞이해도
우리집 방문은 모두 다 국화꽃살문
아직도 찾아드는 길, 잊지 않은 은은한 꿈

미꾸라지

심심해, 심심해 졸라대던 막냇동생
달음질을 잘했던 꼬맹이 그 동생은
들일을 가신 부모님 뒤를 따라다녔다

한나절 뜨거운 볕에 어깨까지 익어지면
도랑물에 파고든 미꾸리를 잡곤 했다
더러는 눈먼 붕어도 함께 잡혀 신이 났다

고추장 푼 주전자를 끓여내던 아버지
아들딸 거느리고 이제는 가장이 된
그 동생 추억 아래 칸, 으뜸으로 새겨진

나목(裸木) 1

오 남매 맏이인 단발머리 큰언니는
가녀린 종아리로 동생들을 업었다
뜀박질 고무줄놀이 맘속으로 동동대며

얼굴을 비벼댔던 언니의 등 보풀 같은
박수근 그림에 든 벌거벗은 나무들
따습다, 잿빛 가난에 까칠해도 폭신하다

나목(裸木) 2

할머니는 늘 새벽을 남 먼저 열었다

채소 실린 손수레 어스름 빛을 끌고

시장터 한 모퉁이를 아침처럼 닿았다

성품이 불칼 같아 음성도 카랑했다

짧은 생 살아내려 불꽃 일던 몸부림

봄이 먼 시린 새벽을 묵묵히 선 나무였다

나목(裸木) 3

올망졸망 자식들
눈빛은 머루알 같아

한 궤짝 사과 떼어
좌판 앉으셨다던

그 은빛
새벽이 닳던
어머니 푸른 손등

안개꽃

배경으로 서 있어도 즐거움을 아는지

환한 앞줄 내어주고 가운데도 비워주고

둥글게 품어 안는다, 비다듬는 손길로

때로는 돌아앉아 감춘 눈물있었을까

야윈 손목 여린 눈이 하늘하늘 웃는다

옆옆이 간잔지런한 정(情)을 피워올리고

호박꽃

논두렁은 어떻고 밭두렁은 어떠랴
나무라면 어떻고 담벼락은 또 어떠랴
어머니 오신 길에는 꽃이 피네 꽃 지네

질박한 한 점 바람 구름 위로 흐를 때
살포시 고개 들고 나아가던 덩굴손
때로는 허공을 짚고 울먹이던 잎이여

이파리 두들기는 여름날의 빗줄기
속내까지 적시는 가을의 소슬바람
도무지 아랑곳없이 꽃은 피네 꽃 지네

풍경

1
어머니
—뒤척임도 없이 고스란히 비 맞아야 하는 때도 있는 법이다

빗소리 후들거리고
세상이 젖혀졌다

아이 업은 어미처럼 꽃을 매달고서

감나무
온몸 다 내어
맞고만 서 있었다

2
아버지
—뒤를 돌아본다는 것은 고독한 일이다

뒷짐 진

병암고택은
비에 젖어있었다

기울지 않았음에도 조금은 기울어진

막 쳐낸
수묵화처럼
아비 얼굴 선명하다

3
나
—조각을 이어 붙이며 살아가는

여인의 조각보를
들여다 보노라면

한 땀씩 고인 생각
오고간 손 보인다

한 조각
시간을 깁는
아름다운 몰두여

놀이의 진수(眞髓)

집 전화를 안 받으신다, 청소기 돌리시나?
열 시에도 부재중, 아침 운동 가셨나?
휴대폰 열한 번 울리자 그제야 오는 목소리

나 요즘 일 나간다, 희선네가 가자 해서…
에고! 좀 노시라니까, 다리도 아프다면서…
괘안타! 알아서 하께 걱정하지 마래이…

도무지 노는 이가 없다며 심심하다고
자식 몰래 잠종장(蠶種場) 누에 치러 가신
일흔 살 우리 어머니, 노는 법은 일하시는 것

홀로 우리 키우느라 평생 일로 사시더니
주일 미사 가시고 꽃 가꾸기밖에는
노는 법 다 잃어버리신, 놀이 달인 우리 엄마

아버지 산소에서

서른 해 전 울음소리 잦아져 고요한데

당신은 따순 햇살로 풀벌레 키워내시고

어머니 고왔던 얼굴은 자작자작 주름인데요

"잡풀을 잡았더니 떼가 살아나는구나."

뭣등에 손을 얹고 푸근하게 웃으시니

당신의 모시옷이라도 다듬질한 듯합니다

마른 이끼

어매의 살갗에 핀 검버섯의 얼룩꽃
평생을 궂은일로 살아내신 세월은
돌마저 으스러져서 꽃이라도 피우련만

어매의 살결에 핀 이끼 같은 저승꽃
빨래비누로 씻어도 박꽃 같았다던
쓸쓸한 어조에 밀린 가슴께가 아리다

당신 위해 사신 일은 무에 있으시려나
할미 내음 싫어할까 향수를 뿌리시고
손주들 품에 안고서 웃으시는 어머니

공책에 또박또박 성서를 베끼시며
가족 위해 자녀 위해 묵주를 꺼내드는
어매는 세파에 씻겨 바위처럼 꽃이 핀다

반달

남은 눈 하나는 어디 감추어두고

외눈을 끔벅이며 저렇듯 웃고 있나

어둠이 사방 조여도 눈이 맑던 그 얼굴

온 어둠 눈 하나에 묻어두고 웃으시고

온 기쁨 눈 하나에 드러내며 웃으시던

가슴팍 감추고 사신 어머니의 한쪽 눈

더불어 살아가는

벽에 붙은 액자를 오래도록 바라본다

출장길에 얻어왔다는 반야심경이 수많은 불(佛)자를 빼곡히 박은 몸으로 벽에 걸렸다 그 언제부턴가, 그보다도 더 일찍 벽에 달려 내려다보는 신이며 인간이신 그리스도상(像)에 이웃되어 걸리었다, 마음이 맑은 사람은 행복하다 그들은 하느님을 뵈올 것이다 정갈한 필체로 다정히 내려보는 액자 하나도 또 이웃이 되었다 그 언제부턴가, 불(佛)자 만연한 액자는 가신 아버지 좋이 보시던 거라 여전히 남아있고 마음 맑아서 하느님 뵈올 어머니 기도하며 올려보시니 그 이웃도 여전하다

사람은
사람이라서
더불어 살 수 있음을

꽃밭

어머니 생신날에 그득하게 둘러앉은
아들 딸 며느리 사위와 손자 얼굴
항아리 가득히 꽂은 사람꽃 꽃송이다

단 한 줌 자궁에서 발아한 씨앗들이
태(胎) 안, 석류석처럼 숨어있다 피어난
향기도 크기도 다른 온갖 색의 꽃포기

자그마한 어머니 한 아름에 안아드는
꽃 중에 으뜸인 꽃 사람꽃에 둘린 방
만발한 꽃밭 같아서 그만 꽃병이 되셨다

제2부

가을비

망설이던 걸음으로 고요히 다가와서

두어 번 창 두드리다 그냥 돌아서기엔

아마도 너의 어깨는 너무나 시렸을 것이다

돌아서는 걸음걸음 끌리는 발자국

잠결에 스며들어 울음으로 엉기다가

저 흐린 가로등 아래 긴 그림자 그렸을 것이다

석류

저 단단한 슬픔이
익을 대로 익으면

스스로
가슴팍을 열어젖히곤
하는데

하늘 귀
어둠별 오르면
내려서는 뜨락의 별

꽃노을
붉은 울음
하늘 강에 풀 때

알알의 여문 결정
저리도 빛이 난다

자기를
쪼개지 않고서는
아무것도 사랑할 수 없다

연잎에 앉은 물방울

또로로록 잎에 모인 너를 보니 알 듯하다
내 마음 위에 그 마음 얹는 일
중심을 꿰는 일이다 마음이나 잎이나

그대 마음 위에 내 마음 포개는 일
어쩌면 저 물방울 고누는 연잎 같지
어쩌면, 내 마음 위에 곧추서는 그대 마음

그대 안에 아직 나 모르는 곳 있는 걸까
내 안에 여태 이르지 못한 그대 있는데
더 낮게 나를 줄이는 물 한 방울 섬김의 길

송편

떡살을 굴린다 단단하게 둥글게

둥글게 살아가라 하며 동그랗게 펴서 가운데 꼭꼭 소를 눌러 박으며 고운 마음도 고여 들어라 한다, 달 모양을 닮은 송편 모자라야 더욱 채워진다고 팔월 열사흘 달 같은 송편에 내 손자국 선명히 내는데

하느님 날 빚어내실 때도 이리 생각하셨을까?

돌멩이 놓아버리고

—요한복음 8장에서

나의 죄는 못 보아 돌멩이 주웠습니다
당신은 말없이 땅바닥을 그리시니
우리는 귀마저 멀어 말 없는 말, 못 들었습니다

어리석은 우리들 더 높이 손 쳐들자
말없이 또 당신은 땅바닥을 그리시니
바윗돌 뚫은 물방울 소리 같은 그 침묵

너희 중 죄 없는 자, 먼저 이 여인을 쳐라
마음의 물길 여는 고요로운 그 음성
돌멩이 나도 모르게 발 아래로 던지나니

나의 죄 아니 묻고 돌아가라 하시니
돌팔매 상처보다 더 또렷한 그 음성
아, 당신 나의 올무를 늦추고 계셨습니다

항아리

용서하고 용서하여라
일곱 번씩 일흔 번이라도

닿을 수 없는 계명 하나 둘 품다보면

빗금져
아름다운 균열
그 항아리 될 거나

마이산 탑 앞에서

휘어져 흔들리느니
차라리 부러진다고

도도한 강 앞에서 흘렀던 말들이 거슬러 올라오는 연어떼처럼 팔딱이던 햇살 아래, 명산의 돌멩이 하나 둘 모아들여 곧다랗게 쌓아둔 거라고 태풍이 부는 날도 흔들흔들 춤추며 무너지지 않는다고 마이산 돌탑들이 들려주던 이야기에, 세월의 틈바구니 마디마디 박힌 쓰라림 스미어 올라와서 와르릉 무너지고 싶었던 때로는 우지끈 부러지고 싶었던 기억을 불혹의 강 너머로 던지던 그날의 부신 햇살 아래,

취기도
한 점 없는데
자꾸 몸이 흔들렸다

다시 물 붓기

때우고 또 때워서 더 땜질할 여지없는

할머니 손때 묻던 그 옛날 옹이그릇

마음의 자잘한 빗금 생기는 날 생각납니다

울고 불던 콩쥐의 밑 터진 항아리에

엉기적 웅크려서 끔벅이던 두꺼비

어쩌면 다시 물소리 찰랑댈 것 같습니다

열이렛날의 달

보름에서 이틀 더 지났어도 둥그레한

그래그래, 조금씩만 줄어드는 것이야 가장 꽉 찬 보름이 지났다면 말이지 아름답게 베어내며 두둥실 올라야지 소리 없이 조금씩 허물며 내려야지

울어서
조금 붉은 눈
열이렛날 달이여

연(蓮)을 바라보며

가물가물 호롱불
깊어지는 방(房)이네

그대 사랑한 뒤
내 가슴 한 켠에도

심지가
고스란하다
꽃 보내고 핀 연밥

연밥

내밀한 꽃봉오리 공손히 받쳐 올려
황금빛 보료 위에 여물게 앉아있다
오롯한 한 그릇 밥은 피고 지는 꽃의 궁극

아랫목엔 언제나 밥 한 그릇 기다리고
바람에도 귀 기울여 앉아계신 어머니
가슴팍 온기로 키운 꽃 한 송이 꽂은 듯

민꽃대

사랑은 이렇다는 듯이
온 마음,
이파리 다 녹여내는

그 사랑 그러했다는 듯이
온몸,
꽃을 올려 앉힌

상사화(相思花)
오롯한 꽃대
하늘마저 호젓한

꽃돌

1
수석(水石)

기르는 손은 돌에도 물 뿌린다

젖은 돌에 오소소 일어서는 기운

보시시 깊은 잠 갈피 눈을 뜨는 씨앗들

2
수석(壽石)

잠들어 있었어요 실낱 같은 숨으로

구르는 순간에도 목숨 놓지 않았어요

꽃무리 응축된 무늬 몽글몽글 숨소리

해바라기

1
한때는 그 마음
몹시 시렸던 거다

차마 못 거둔 바람은 날로 깊어

온몸을
눈 하나에 맡긴
외눈박이 사랑아

2
해를 따라 종일 몸 세우던 가로등
흐린 날 외로 꼰 모가지를 한 채
어스름 묵은 잠속을 깨끼발로 서 있지요

이렇듯 켜든 등을 지켜야만 한다고
가만 사뿐 어둠이라도 걸어야만 한다고
지게를 벗은 아버지, 휜 등으로 서 있지요

3

온 여름을 속 삭혀
발돋움에 또 발돋움

세상일 간살 없이
한길만 가는 너는

묵직한
말없음표를
이마 위에 새긴다

4

까맣게 볕 그을려
주름살도 익은 얼굴

고향집 울타리에 키 한껏 늘이고 선

추석날
자식 오는 길
굽어보는 어머니

겨우살이

겨울은 나에게도 언제나 시린 계절

겨울나는 꼭대기 가지쯤에 묵묵히 모질게도 더부살이, 그 무슨 청승으로 푸릇푸릇 숨 줄기를 잇는지, 모질다고 버릴 건가 생긴 살점 뱉을 건가, 난 까닭은 모른대도 가는 날은 있다고 시리게도 살고 모질게도 사는

늦은 눈, 질퍽하게도 녹던
아직 봄은 먼 날인데

해맞이 가는 길

나무도 고요하고 길마저 잠이 들어
갑장산 어둔 산길 말없이 걸어갔다
마음속 보듬어 안은 잠든 불씨 알갱이

간간이 발밑에서 돌멩이가 채이고
밭아진 숨소리만 친구 되어 가는데
별들이 바스락대며 열어놓은 하늘이여

근심 많고 소망 많은 사바의 인연들이
갑장사 좁은 마당 하나 둘 채우더니
추녀 끝 울리어오는 풍경소리 듣는다

나지막한 키만큼 나이 들은 돌탑이
오래된 친구처럼 어깨를 두드리면
신 끈을 새로이 묶고 숨 고르는 탑돌이

매듭매듭 이어진 뵈지 않는 끈을 따라
정상을 향해 걷는 한 걸음 또 한 걸음

운무만 가득하여라 미망(迷妄) 속에 갇힌 듯

하늘과 산봉우리 이마를 맞대놓고
시린 손 비비면서 꺼내 든 불씨 하나
저 너머 우듬지에도 실눈 뜨는 갓밝이여

저기다, 해가 온다, 숨차오는 함성 속
보았나, 앳된 얼굴 첫 대면한 아기 같은
온갖 것 소망을 업은 새 해가 솟는구나

구름을 헤쳐가며 작은 손을 저어서
알알이 깨는 불씨 햇귀 되어 솟는구나
미망(迷妄)을 자맥질하며 기운차게 솟는구나

거울 속에서 길을 잃다

뒷집 먹자두나무는 새들의 오랜 놀이터다

지천이 꽃 덮인 봄날에도 주름살 깊이 팬 얼굴로 묵묵하다 꽁지 짧은 새들만 밑가지로 윗가지로 계단을 타는데 재재거리며 놀이 동무를 불러도 뻗은 가지만 내어줄 뿐, 어느 날부터 새 한 마리 문기둥에 붙은 거울에 자꾸만 날아든다 날아들어 부딪고 날아들어 부딪는 새여 공연히 봄 햇살만 바작바작 깨뜨리는

아마도
네 이름은 문조(文鳥)
봄꿈 속에 길 잃은

조금은 빛이 바랜

잠든 당신 가슴에 가만히 기대보면
하루의 고단함이 고른 숨을 토하고
들큰한 호박 내음도 새록새록 풍기는데

귀밑에 앉은 서리 눈 맞추고 있다가
미간에 돋은 힘줄 힘겨움이 애잔하여
근심을 풀어내리 듯 쓰다듬는 푸른 새벽

향기도 희미해진 마른 꽃다발같이
조금은 빛이 바랜 당신하고 나하고
또 하루 한 다발 엮여 물갈이를 하는 아침

저기, 덩굴풀같이

가다가다 못 가면 쉬엄쉬엄 가자 한다

쉬엄쉬엄 가다가 한 자락씩 얹은 노래

옹이진 가슴 사이로 꽃봉오리 피어나고

가다가 발 지치면 마음 먼저 보내란다

허공 걷는 새순처럼 마음은 눈이 밝아

쉼 없이 매듭을 풀며 디딤돌을 놓는다

어느 시인의 저녁

칭얼대는 아이를 잠재우는 따스한 창(窓)
아내는 작은놈을 남편은 큰놈을 안고
초승달, 그믐달과 포갠 듯 서로 등을 맞댄다

별처럼 고물대는 큰아이 귓속에
교회 다닌 기억 불러 주기도문 외워주면
눈가에 거물거물한 잠이 내려 고요한데

잠투정 사이사이로 아내의 자장노래
거룻배를 밀듯이 작은애를 흔들며
맴돌아 오는 가락은 마하반야바라밀경

산과 강을 만나듯 땅과 하늘 마주 보듯
예수와 석가모니 도란도란 잠이 드는
여기는 피안(彼岸) 이르는 길, 이곳에 평화

제3부

자전거 1

기숙사 딸아이와 탯줄처럼 놓인 전화

하루에 한두 번씩 목소리를 충전한다

날마다 음성 들어도 난 이렇듯 보고픈데

아마도 우리 엄마, 엄마 딸이 그립겠지

골목길 돌고 돌아 달강달강 달리는 길

별 총총 서녘 하늘에 눈썹달이 가고 있다

남장사 석장승

노음산(露陰山)에 호래이 두 마리가 살았더래
할부지, 할매 호래이가 의좋게 살았더래

눈은 펑펑 내리는데 멀리 산 아래 마을 늦도록 깜박깜박 호롱 불씨가 보이더래나. 꼭 배가 고파서도 아니고 슬쩍 호기심이 생겨서 늙은 두 호래이가 산자락을 어슬렁어슬렁 내려갔더래. 가보니, 남장마실 나지막한 초가집에서 새어나오는 불빛이더래. 칭얼대는 아기를 젊은 내외가 달래고 있는데 '우지마라, 우지마라 자꾸 울면 호래이가 온단다.' 하더란다. 저런, 영감! 우리가 온 줄 어째 알았을까? 눈 쌓이는 소리에 묻어 발소리는 안 들릴 텐데…. '뚝, 그쳐야지 저 봐라, 호래이 발소리 들리잖어?' 늙은 호래이 내외는 서로 눈만 뻐꿈뻐꿈 바라보았더래. '고 녀석, 고집도 차암! 옛다, 곶감이다 곶감!' 울음 멈춘 아기는 새근새근 잠이 들고 내외 도란거리는 소리만 함박눈송이처럼 자꾸자꾸 쌓이던 밤이더래. 할부지, 할매 호래이 마음도 괜스레 흐뭇해져서 터벅터벅 발걸음 다시 옮기는데, 퉁방울눈 삐죽한 엄니가 무색하게 비

죽비죽 자꾸만 웃음이 나오더라나. 영감, 곶감이 우리보다 더 무서운 거였구먼…. 가다가 돌아보고 가다가 돌아보고 노음산자락을 오르다가 문득, 생각난 듯이 우뚝 서버렸더래. 영감! 우리, 호래이도 안 무서운 아기나 지켜볼까? 호래이 내외는 말없이 눈을 맞추다가 그렇게 남장마을로 돌아가 턱하니 돌장승이 되었더라대. 호래이 같기도 하고 도깨비 같기도 한 모습으로 남장마실을 오래오래 지켜주었더래. 그러다가 노음산도 늙고, 아기는 자라나고 마을도 자라더니 그만 그 곁에 저수지가 생기더래. 어느 해인가, 저수지 물살에 휩쓸려 할부지 돌장승이 그만 흘러가 버리고 말았다지 뭔가. 영감, 영가암! 애타게 불러도 그만 사라지고 말았더래. 지금은 할매 돌장승만 서 있는데 여전히 퉁방울눈, 삐죽한 엄니를 하고…

외롭고
수척한 웃음
흘리고 있다 하지, 아마도

추석 무렵

무덥던 여름 지나 기승스레 오른 풀

다들 다녀가는데 왜 여태 아니 오나?

곁, 곁의 이웃집들은 벌써 마당 환하다

언저리 날아들어 여름내 친구가 된

코스모스 저도 안타까운지 목이 길고

달(月)마저 걸음이 바쁜 음력 팔월이라 한다

조붓조붓 절을 한다, 사각사각 풀을 벤다

아들 손자, 며느리 술 한잔 부어놓은

봉분엔 막 씻은 듯이 싱그러운 비누냄새

정구지

내 고향에서는 부추를 정구지라 부른다
정(情) 굳히는 나물이라 그 이름, 정구지라 부른다

보드라운 풀빛으로 은근 향이 진한 훈채라고 불가에서는 꺼린다는데 겨울나면 단단한 대지를 힘껏 풀어 올라오는 더없이 양기 충만한 싹 때문일까? 베어내고 베어내도 끊임없이 자라 올라 눈 멀기 전 삼손 머리털처럼 기운 펄펄한 고놈의 싹을 쓱쓱 베어내어 일하다 급히 내는 새참에 고춧가루 간장 깨소금 술술 뿌려 겉절이도 해먹고, 장대비 내리꽂는 여름이면 한 움큼 잘라내어 매운 고추 어슷어슷 썰고 밀가루 자붓자붓 개어서 지직 지지지직 빗소리에 운 맞추듯 한 소두방 전을 부치면 절로 이웃 얼굴 모여들어 쪽마루 소박한 정은 탁배기 한 잔에도 얼큰하다, 비는 종일 내리고 도랑물 세차게 흘러가는 소리

주전자
다시금 출렁출렁
한 켜 정이 또 굳는다

돌감나무

한로가 지나고 상강이 다가왔다

점지된 나무들은 한 겹 옷 벗어내듯 돌돌돌 껍질 깎이고 바람에 몸을 말려 쫀득한 곶감이 되거나, 마음 순한 효자가 노부모 상에 올리는 달착한 군입거리 홍시가 되려고 연지곤지 찍은 신부 가마에 태우듯 일찌감치 감알을 떠나보냈지만, 쪼개어 보았댔자 단단한 씨앗이나 옹골지게 들어있을 조막만한 감알뿐인 고목은 돌아보는 이가 없었더라는데, 그예 서러워선지 나무는 자꾸만 이파리만 발밑으로 털어낼 뿐이었는데, 두어 개의 까치밥을 체면 삼아 달고 있던 간택된 나무들도 찬이슬 내리고 거푸 비를 맞자 미련없이 남은 잎을 후두두둑 던져버리고 잠이 들었는데, 눈송이가 푸지게도 쏟아지던 날 볼이 한층 더 붉어진 돌감은 작은 새들이 우르르 날아와 품에 안겨들자 그제야 감은 눈을 뜨고 사방을 둘러보는 것이었는데, 순간 온몸이 그만 뜨거워져 수많은 전등알 속 필라멘트에 일시에 불 당겼더라는데

오롯이 은백의 빈들 꽃나무로 서 있음을 번뜩 깨달았던 것이다

묵정논

이태째, 모도 안 낸 서너 배미 무논이다
빌라니 원룸이니 말밥 가득 앉히는데
오리떼, 얼쑤! 좋다며 묵논이라 둥지 튼다

아버지는 산자락에 안식하러 드셨지만
바지런한 그 걸음 먹고살던 논자리라
허허헛, 논배미조차 안식년을 갖는갑다

틈새마다 건물 들어 휴경지 숨 가쁜데
하늘서 보실 적엔 따스한 유택(幽宅)인지
부들이 무성해지니 기러기떼 날아온다

허공을 민다

이랑을 갈면서 고랑을 간다 한다

고랑과 이랑은 어깨 나란하지만

이랑은 작물의 숨길, 그래서 윗길이다

이랑 흐트러질세라 고랑 긁어 북주고

잡초도 거름주기도 이랑이 우선인데

아버지, 이랑 갈면서 고랑 간다 하신다

아랫길이 있어야 윗길도 살아난다

빗물을 거두는 길, 농부 걸음 딛는 길

아랫길, 허공을 밀어 싹 틔우는 저 힘줄

장맛비

땅속에서 감자알 동글동글 영글고
까투리와 장끼가 꽁꽁 꿩꿩 우는데
어쩌다 우리 밭에다 둥지는 틀어놓았니?

풀 우거진 이랑에 감자줄기 뭉개놓고
서너 개 낳아놓은 꿩알이 새뽀얗다
풀 매던 내 손에 그만 덜컥 들킨 알둥지

다음날은 대여섯 개 그 다음은 예닐곱 개
자꾸만 느는 알들, 감자 캘 땐 어쩌나?
보름은 남았을 텐데 알 깨는 날 꼽아본다

비님까지 오시고 도랑물이 넘쳐났다
감자는 어쩐대요, 꿩알은 어쩐대요
종종종 까투리걸음 동동동동 내 마음

노파

후,
바람에도 날려버릴
깃털 같다

허리마저 바람 든
자식바라지 평생

눈자위
노을이 붉어
유모차에 기댄 몸

자전거 2

우유팩 밟는 순간 잔기침이 터진다
모서리서 왈카닥 뿜어지는 허연 줄기
발등이 그예 젖더니 파팍해진 정강이

꾸려온 일흔 살은 다져진 폐지 같아
일할 곳 마땅찮고 오라는 곳 드문데
주름만 더 선명하다, 구겨 던진 휴지처럼

보따리 부려놓듯 손자 녀석 맡겨놓고
돈 벌러 간 아들 내외 소식은 감감한데
아니 땐 굴뚝 연기랴, 심사 되우 산란하다

짐받이에 종이박스 겹겹이 괴어놓고
착착 밟은 폐지를 빼곡하게 얹는다
자잘한 근심사까지 착착 접어 동이며

핸들을 힘껏 끌면 손등 힘줄 시붉고
박차 밟는 페달로 곱삶아 굴리는 삶

김 노인 휜 어깨 위로 젖은 달빛 할금댄다

밤하늘 달무리는 눈이 글썽 상그랗다
고사리밥 같은 손자 어미가 그리운데
긴 외등 그늘 아래로 삐걱대는 체인소리

오일장

복작대는 사람 속 어버이날 앞둔 장날
발 빠른 꽃장수는 카네이션 펼쳐놓고
효심(孝心)을 바구니에 담아 싸요, 싸요 외친다

학생도 기웃대고 주부도 어른대며
꽃 사고 채소 과일 생선도 사 담는데
키 낮은 꽃나무 같은 두 노인이 들어선다

아흔은 훌쩍 넘을 노모 태운 휠체어
일흔은 족히 뵈는 아들 노인 밀고서
시장통 순댓집 앞을 돛배처럼 와 닿는다

모락모락 훈김 속에 반쯤은 눈을 감은
노모 앞 마주앉아 순대 집어 권하는데
입술을 우물거리며 오래도록 드신다

토끼처럼 아이처럼 오물오물 씹고 나면
또 하나 집어들어 입안에 넣어드리는

북새통 한낮 장바닥, 문득 아주 고요하다

가을 제사

귀뚜리 노랫소리 잔별로 쏟아지고
발꿈치를 살짝 든 음력 구월 초이튿날
기우뚱 떠오는 달은 어머니의 가는 눈썹

대추와 밤 감과 배는 저리도 살이 올라
오곡백과 차곡차곡 올려놓기 좋은 때라
상머리 사르는 향(香)은 오래도록 눈에 짙다

나기에 좋은 때는 있으려니와 마는
가기에 좋은 때가 달리 있을 것인가
곰곰이 되새겨보면 이것도 다 사랑이려니

초승달

세상에서 처음 끊은 내 아이 손톱 같고

멀리 가신 어머니 반듯한 눈썹 같은

서편에 애틋함 하나 띄워놓은 산자락

사진

척 보면
웃음 지은 부처님
상호 같아

켜켜이 속앓이를
누르고 사신 줄은

정녕코 알지 못했다
어머님 눕기까지

그리 가실 줄 당신은 아셨던가

'그냥 찍어뒀다, 잘 나왔지 않냐?'

영안실, 그렁한 눈빛
사진 앞에 흐느낀다

빈터

물 건너 그곳으로 꽃상여 떠나던 날

어머님, 가을 산에 당신을 묻었지만

우리는 남은 우리들 마음마저 못 묻고

사진 앞세우며 갔던 길 돌아서니

어른어른 발밑엔 마른 풀만 서걱이고

가슴팍 메우지 못할 서러움이 따라와

장독만 바라봐도 눈자리는 뜨거운데

밤 내리고 눈 내려 적막한 산속 그곳

떠난 몸 미처 못 따른 그 마음은 어쩌십니까

가을을 담는 법

찹쌀전에 올린 꽃송이를 누르듯

구월 국화 몇 점 찻사발에 우리고

가을볕 수염을 당겨 창호지문 바릅니다

저기
잎 지는 나무와
가만, 눈 맞추노라면

어느새 고여오는 순종의 무게

등 하나
어스름 갈피에
따스하게 걸립니다

거미줄

또 하루 엮어내어 고단해진 뼈마디

성글게 짠 줄 위에 내일을 담보하고

가만히 드러눕는 등, 문득 방(房)이 출렁인다

쉰여덟 월급쟁이 후줄근한 몸속으로

비스듬히 스며드는 늦가을 시린 달빛

무수한 곤한 꿈들이 사락사락 앉는다

놀

저리도 호탕하게 웃으며 가시는 길

너울너울 춤사위 멋들어지게 끌며

고향집 사립을 열고 거침없이 돌아가네

이 세상 만남들이 점점이 기쁨이거늘

한바탕 잔치 뒤에 헤어짐이 눈물이랴

꽃잎을 흩뿌리었네, 어스레한 여홍이네

감꽃 그늘에 누워

들마루에 누워 별을 세고 싶다

하얗게 떨어진 감꽃 같은 별을

오늘 밤
목걸이 엮은
감꽃별이 아슥하다

국화꽃빛살문

어머니 고맙습니다, 아버지 고맙습니다

고사리손이 빚은 어버이날 꽃송이들

내소사 대웅전 문살에 사뿐사뿐 앉아있다

내 아이 처음 달아준 카네이션을 닮은

세월이 덖은 나무 꽃 숨결이 생생하다

순수한 저 장엄(莊嚴)의 빛, 빗살문 국화송이

제4부

시

말을 두고 온 사람들은 시를 쓴다

말을 잃어버린 사람들은 시를 쓴다

살아도 살아내어도 얼벙어리 가슴으로

떠나온 강을 찾아 회귀하는 연어들

놓쳐버린 말을 찾는 목마른 빈손들의

생의 강 거슬러 오른 은백 비늘 생채기

시인

땅속 긴 길 내려서는 하프 멘 올페처럼
어둔 하늘 길을 내어 걸어가는 반달처럼
사랑에
맨몸 부딪는
언 호수의 쇄빙선(碎氷船)

알몸인 영혼을 스스로 당겨 안고
햇빛도 보이기 전 스러지는 유리디케
한 계단
남은 절망도
마다 않고 잡는 손

찔레

—낙랑공주의 노래

호동,

그대의 손잡고자
넘어섰지요

눈물 떨구며 불타오른 사랑이여
자명고 잠자는 귀 찢어버린 비수(匕首)여
칼날에 찔리운 건 정(情)의 틈새였다오

아는가

붉다, 더 붉다
그댈 위해 버린 정(情)

갈증

1

—메아리가 수선화에게

사랑한다, 한다
속삭였지만
그대 귀에는 바람소리

한다, 한다
잦아지는 마음
숲길에 흩어졌을까

사무쳐
남은 목소리
물결 위에 어룽대고

2

—수선화가 물에게

다가설 수 없네요
이토록 가까운데

고동치는 소리로
북 울리던 심장

서럽게
그리메 뜨다
아득하게 여위고

주산지, 늦봄

—왕버들의 노래

하늘이시여
이 몸은 물의 신 하백의 딸
또 한 해 봄 다하도록
떠난 이 기다리며
머리채
길게 늘이는
제 모습 보옵니다

사모하옵는 해모수여
푸른 솔처럼 늠름하던 모습에
온 마음 빼앗겼던
겨울이며 여름, 가을이여
그 봄날
님 태운 하늘수레가
저 너머 아득하여이다

해모수여
이 봄 이슥토록 물속에는

고요한 바람만 일어
사위는 유화(柳花)의 눈빛
흐르는
구름 보옵니다
이 봄도 다하는데

이제는 물결만이
제 마음에 닿일 뿐
바람만이 이 마음 언저리
흔들다 갈뿐
몸 내린
강기슭에서
오래도록 발 젖나이다

능소화

귄 눈물 뚝뚝뚝뚝 흘리다 눈 감는다

자식의 먼 두 눈을 애절히 바라보는

차라리 제 눈 거두옵소서, 울음 우는 희명*이

어린 먼눈 쓸다가 꽃송이를 쓰다듬던

천수대비전 닿은 바람의 손바닥에

종소리 뎅그렁 뎅뎅 능소화로 지는 뜰

* 신라 경덕왕 때의 향가 「천수대비가(千手大悲歌)」를 지음.

칠석물

직녀의 작별은
견우의 작별은
해마다 생기는 일이라 하겠지만
오늘도 비가 내린다,
그 슬픔 흐려지지가 않아

어제의 별리도
오늘의 별리도
수천 년 연주되는 헤어짐의 도돌이표
돌아선 발걸음소리,
저 눈물의 가역반응(可逆反應)

눈물이 내리고 있다
울음이 울고 있다
칠석물 지고 나면 무지개 뜬다지만
오작교 다시 놓일 때까지,
두 별의 눈자위가 깊다

돌사람

뭉그러져 비틀린 어깨 위로 덮인 세월
묵묵히 추스르던 미륵사지 돌탑이
천 년을 잉태하더니 돌사람을 낳았다

햇귀에 두 눈 열려 바라보는 사바세계
여문 달빛 닫히고 그 얼마나 오랫동안
적멸한 시공(時空) 안에서 눈을 감고 있었는가

몇천 벌 이끼 옷을 갈아입은 저 탑처럼
민들레 홀씨보다 더 가벼운 탑신으로
오늘은 돌사람 하나 잉태하고 싶었다

가을, 백담사에서

하늘이 굽이굽이 붓을 스친 못이어라
설악산 대청봉 아래, 그 아래로 일백 번
생각이 저리도 깊어 백담(百潭)이 다 붉었다

문(門) 안으로 다시 문(門)
수없이 많다 해도
열려있지 않다면 어찌 볼 수 있으랴
깊음도
열려있어야
잴 수 있는 것이네

백로

여름이 떠나면서 귓속말을 건네자
갈퀴를 쓸어내리며 가을은 다가섰다
매미들 짠한 울음이 우수수수 떨어진다

쓸고 지난 자리에 귀뚜리 노랫소리
씨앗에서 싹 돋듯 총총총총 자라나고
오늘은 아침 늦도록 거울 앞에 앉은 이슬

겨울 찔레

속정이 깊을수록
하얗게 피어났다

돌아설 적 흐너지던
발소리 아릿한데

저것 봐,
으깨진 눈물
울혈 되어 달렸다

닭의 노래

한때는 자유로웠고
날기 위한 깃털이었네

아내의 이름 어미의 이름 낯선 이름 익는 동안 달음질도 닳아지고 퍼덕임도 놓쳐버려 세월의 거미줄 뵈지 않는 그 울 속에 구구대는 슬픈 눈 굳어버린 날갯죽지 기억 속의 비행은 뼛속에 남았건만 날기도 전 부딪는 아픔이여 슬픔이여

이제는
날아라, 한다
이름뿐인 자유다

고물

여기저기 아픈 데만 늘었네 하였더니

그이가 건네 보며 고물이로고 한다

슬며시 노려보다가 고물상님 하였다

보경사 들렀더니 오래된 절이란다

불상도 오래됐고 문수보현도 묵었고

빙긋이 웃어버렸다 고물인들 어때서

유달산엔 봄

세월 꽃 바위마다 어룽더룽 피었는데
동백은 지천으로 머리 풀어 빗질한다

목포는
항구고 말고,
닻 내린 봄 정박 중

물결은 아물아물 졸린 눈을 비비고
닻 늘인 섬들이 기지개 켠 앞바다

다도해
하선한 봄이
유달산을 오른다

천왕봉 삼파수(天王峯 三派水)

소백산맥에 우뚝한
구름 쉬는 봉우리

상주 보은 괴산 세 고을이 얼싸안은 속리산 최고봉이라 그 봉우리에 내린 빗물 세 갈래로 몸을 나누어, 동으로 가 장구한 낙동강에 발을 담그고 서으로 흘러 남한강과 몸을 섞는다 남으로 내린 물빛 맑고 맑으니 아리따운 금강이구나 오늘은 나도 전세(前世)며 현세(現世) 내세(來世)를 분별하며, 하늘이며 땅이며 사람 한데 얼싸안으려는가

아, 산도
저렇듯 보듬고
물 저렇듯 나눔 아는데

목련

1
강나루 언덕 너머 머나먼 길 떠난 이

배웅하며 목 늘이던 새들이 날아와서

봄 마당 나뭇가지에 사박사박 앉았다

날갯죽지 넣어둔 피리를 꺼내들고

먼먼 길 그 사람을 기다려 노래하면

저 하늘 아지랑이에 피어나던 솟대들

2
연(蓮)이 핀다 나무에
물 없어도 잎 없어도

태어난 아이 손에서

쥔 운명 풀려나듯이

단호히
고개 드는데,
연(鳶)이 난다 눈부신

순(荀)

담장을 기웃대던 나무의 여린 숨이

뭉툭해진 잠속을 겨우내 뒤척이다

팽팽한 활시위처럼 당겨지는 봄이다

끄트머리 찍어 둔 쉼표를 시작으로

나울나울 음표 되어 흔들리는 새소리

끝없이 도돌이표가 연주되는 순간이다

겨울나무 1

몇 겹의 옷 껴입고 추위를 경계하다

본다, 이 추운 날 다 떨치고 선 나무

온 하늘 섬세한 핏줄 펼쳐내고 있음을

사막을 묵묵히 건너는 낙타처럼

벗은 몸 어딘가에 온기를 가두고서

긴 겨울 막막한 땅을 넘어서고 있느니

내 혼이 자작자작 입술 마를 때

그렇다, 애타던 한 모금의 물조차

단단히 두른 메마름 녹여내고 있음을

겨울나무 2

발치마다 내려놓은 오색의 만장들
겨울로 건너가는 노잣돈이 수북하다

말갛게
덜어낼수록
잠은 더욱 가볍다고

꽃을 보내더니 잎마저 덜어낸다
색색의 빛남마저 남김없이 털어낸

저녁놀
시린 어깨에
한참 섰다 이운다

어머니

다 닳아진 가슴팍
마른 샘 바닥인데

한 길 더 퍼내어서
또 주고 싶으시다

그 눈빛
훍내 나는 맘
눈이 글썽 시리다

발문

사람은 사람이라서

신대원(시인, 천주교 안동교구 신부)

1.

신순말 시인이 나에게 원고 한 뭉치를 들고 와서 평론 아니면 발문을 부탁하였다. 참으로 난감한 일이 아닐 수 없었다. 평론이라고는 언젠가 고 김완 선생의 유고시집을 쓴 것이 전부고, 발문은 한 번도 써본 적이 없을 뿐 아니라 원고는 시가 아니라 시조였기 때문이다. 시에 대해서는 좀 읽고 써보기는 했어도 시조는 아예 나의 관심사에서 멀리 떨어져 있는 편이어서 더더욱 평론이나 발문을 쓴다는 것은 나에게 있어서 당치도 않는 노릇이었다. 하지만 몇 번이고 사양하다가 더는 완강히 거절할 수 없는 성격 탓에 덜컹 대답을 해버렸고, 그날로부터 몇 날 밤을 몸앓이를 했다.

어찌 되었든, 나는 시조뭉치를 하나 둘씩 읽어나가기 시작했다. 어떤 것은 아이들 동시처럼 순수하고 어떤 것은 시처럼 유장하며 또 어떤 것은 마치 현악기를 뜯는 듯 고결한 음조가 귀 언저리를 때리는 듯했다. 또 어떤 것은 아버지와 어머니를 향한 그리움으로, 어떤 것은 현실 안에서 느끼는 상념들, 더러는 미래를 향한 몸부림 혹은 견습생의 모습으로, 또 더러는 자신의 신앙과 결부된 삶을 진솔하게 노래한다. 말하자면 그의 시조묶음은 시인의 '인생여정'을 여과 없이 그러나 절제된 언어로 사람들에게 들려주고 있는 바로 그런 것이었다. 그러면서도 시인은 자신을 온통 용해한 시조라는 틀을 벗어나 자유인으로 아니 어쩌면 어디에도 속하지 않는 '경계인'으로서의 삶을 충실히 누리고 있는 듯하다. 시인은 자신이 생각하는 시인의 모습을 다음과 같이 노래한다.

> 땅속 긴 길 내려서는 하프 멘 올페처럼/어둔 하늘 길을 내어 걸어가는 반달처럼/사랑에/맨몸 부딪는/언 호수의 쇄빙선(碎氷船)//알몸인 영혼을 스스로 당겨 안고/햇빛도 보이기 전 스러지는 유리디케/한 계단/남은 절망도/마다 않고 잡는 손
>
> —「시인」 전문

시인이 바라다보고 그려보는 시인의 모습은 "사랑에/맨

몸 부딪는/언 호수의 쇄빙선(碎氷船)" 이다. 사랑이 없으면 시인이 될 수 없고, 시인이라면 당연히 온몸으로 사랑을 실행할 수 있어야 한다는 것이다. 사랑이 무엇인가? "남은 절망도/마다않고 잡는 손" 이다. 절망도 끝에 가서는 친구로, 연인으로, 신앙으로 승화시킬 줄 아는 것이 사랑이고, 그 사랑을 가진 이가 참된 시인이라는 게 시인이 바라다보는 '시인론(詩人論)' 이다. 모름지기 인생을 노래하는 시인이라면, 천상천하의 사사물물(事事物物) 동향을 읊조리는 시인이라면, 냉정하면서도 온정적인 곧 지극히 인간적인 그 무엇을 가져야 한다는 것이 그의 지론(至論)처럼 인식된다. 또한 그러면서 시인은 동시에 자신도 어찌할 수 없는 진한 천륜적인 '인생론' 을, 부모님과의 특별한 만남을 가슴 절절하게 녹여서 시조에 담아내려고 애를 쓰는 흔적들을 여기저기에서 발견할 수 있다.

천륜적 인생론으로 볼 때, 그것은 현재의 시인에게 어쩌면 그 삶의 전부를 형성해나감에 기초적인 틀을 제공받았다는 것으로 이해해볼 수 있을 것이다. 다시 말해서 그의 인생론이 어느 날 갑자기 들이닥쳐서 지금의 시인을 만들어내는 데 결정적인 역할을 한 것이 아니라 이미 천부적으로 곧 부모님으로부터 부여받고, 배우고, 습득한 것이라는 이야기다. 그의 인생론은 우선 「우물」로부터 시작된다.

삼대가 살던 흙집 오래도록 비우더니//하루해에 헐려 오도카니 남은 우물//어두운 우물 속으로 달빛 한 점 이운다//가슴에 자리 잡은 빈 그릇 하나처럼//꿈속 빈집에는 밤도 서둘러 오고//우물엔 계단 오르는 기억의 별무더기

—「우물」 전문

시인은 자신의 인생론을 노래하면서 무엇보다도 먼저 유년시절부터 함께해온 마당 한쪽에 "오도카니 남은 우물"로부터 시작한다. 모두들 떠나고 난 빈자리에 쏟아져 들어오는 달빛을 오직 저 홀로 담아내고 있는 우물이다. 시인은 시방 그 우물을 바라다보면서 자신의 살아온 인생 여정을 그 우물 속에서 자아내고 있다. 그가 자아낸 인생은 그대로 삶의 자리이고 꿈이며 알 수 없는 약속 같은 것이었다. 잠깐 몇몇 시편을 감상해보기로 한다.

아버지의 바다도/그처럼 난폭해서/연(鳶)처럼/깊은 어둠, 날아가고 싶었을까//곰삭은/막걸리 내음/이제서야 눈물난다

—「홍어」 부분

아버지 가신 이듬해 여름은 유난히도 더웠다//어머니 호미를 잡고 파밭 고랑에 구부리면 나도 덩달아 쪼그리고

앉아 파밭을 기어갔다 여린 내 손도 일손이었을까 네가 거들어 일이 축나는구나 발갛게 익은 얼굴 위로 연신 땀방울 구르고 더러는 입술에 걸려 찝찔했지만 어머니 그 말씀은 내 어느 곳에 뿌듯이 차올랐다 우리는 어쩌면 어머니에게 알싸한 파꽃이 아니었을까 무더울수록 곧게 기운을 세워 언젠가는 시푸르게 꽃을 피우리라는

—「파꽃」 부분

탯줄, 툭 끊어져 사십 년이 넘었어도/어머니와 나 사이 뵈지 않는 저 탯줄/아직도 끊어지지 않았다, 투명해져 있을 뿐

—「투명하게」 부분

홀로 우리 키우느라 평생 일로 사시더니/주일 미사 가시고 꽃 가꾸기밖에는/노는 법 다 잃어버리신, 놀이 달인 우리 엄마

—「놀이의 진수(眞髓)」 부분

시인이 나에게 들고 온 80편의 시편뭉치에는 시인이 눈물을 흘리면서 더러는 통곡하면서 노래했을 그의 인생론이 매우 진솔하고도 단단하게 박혀있다. 박혀있는 시편의 노랫말들을 찍어내어 편곡해보기란 쉽지 않다. 그만큼 시

인은 자신이 체득한 삶의 이야기들이 늘 가슴 깊은 곳에서 생생하게 살아계시는 부모님들로부터 몸 입었다는 것이리라.

2.

시인은 자신의 현재의 삶을 마치 시간과 시간을 구슬처럼 엮어가거나 혹은 여인이 한 땀씩 꿰매어 마침내 완성한 조각보 같다고 생각한다. 자신의 인생을 시간을 엮어가듯이 조각보를 꿰매듯이 바라다보는 시인의 통찰력이 돋보이는 순간이다. 어쩌면 시인뿐만이 아니라 모든 인간들의 삶이 틀림없이 그와 같을진대, 사람들은 시간에 쫓기듯이 살고 있으니, 참으로 서글프지 않을 수 없다. 자신의 삶을 자신이 엮어가야 하는 것은 분명한 진실이다. 누가 옆에서 나 대신 엮거나 꿰매줄 수 없다는 것은 엄연한 진실이 아니던가? 그런 의미에서 시인은 현재의 삶이 천부적으로 주어졌을 뿐 아니라 더하여 그렇게 주어진 운명 같은 삶을 이제는 누구에게 끌려가는 것이 아니라 스스로 한 땀씩 엮어나갈 태세를 가져야 한다고 보는 것 같다. 이러한 시인의 생각 또한 그의 예리한 통찰력에서 비롯한다고 볼 수 있다.

여인의 조각보를/들여다보노라면//한 땀씩 고인 생각/

오고간 손 보인다//한 조각/시간을 깁는/아름다운 몰두여

—「풍경」 부분

시인이 펼치고 있는 인생론은 "시간을 깁는 아름다운 몰두" 덕분이다. 그 옛날 유년시절 아버지와 어머니 혹은 할머니께서 그러하셨듯이 현재의 시인 자신이 새롭게 인생을 엮어갈 방법은 곧 "아름다운 몰두" 밖에 없을 듯하다. 인생에 대한 이러한 몰두는 곧 '치열함' 이 전제되어야만 가능하리라. 삶에 대한 치열함이 없다면, 어느 누구도 자신의 현재적 삶에 대해 몰두할 수 없을 것이다. 삶에 몰두할 수 없다면, 그의 인생은 결국 허상을 혹은 가식을 좇아가는, 소리만 요란한 속이 빈 깡통에 지나지 않을지도 모를 일이다. 이러한 그의 몰두는 시인의 어머니로부터 습득한 것처럼 보인다.

어매의 살갗에 핀 검버섯의 얼룩꽃/평생을 궂은일로 살아내신 세월은/돌마저 으스러져서 꽃이라도 피우련만//어매의 살결에 핀 이끼 같은 저승꽃/빨래비누로 씻어도 박꽃 같았다던/쓸쓸한 어조에 밀린 가슴께가 아리다//당신 위해 사신 일은 무에 있으시려나/할미 내음 싫어할까 향수를 뿌리시고/손주들 품에 안고서 웃으시는 어머니//공책에 또박또박 성서를 베끼시며/가족 위해 자녀 위해 묵

주를 꺼내드는/어매는 세파에 씻겨 바위처럼 꽃이 핀다

—「마른 이끼」 전문

그 어느 누구보다도 시인의 어머니는 치열하게 자신의 삶을 살아내고 시인의 가슴에서 여전히 인생의 스승으로서 살아계시며 계속하여 시인에게 인생길을 어떻게 걸어가야 잘 갈 수 있는지를 가르쳐주시고 계시는 듯하다.

3.

시인은 이제 자신의 인생을 되돌아보면서 동반자로서 함께 걸어가야 할 주변세계에 대해서도 눈을 떼지 않고 깊은 관심을 기울인다. 부모님을 비롯한 가족들이 시인의 인생론에서 천부적이었다면, 결국 주변세계의 사사물물도 천부적일 수밖에 없었을 것이다. 이러한 관계는 비단 시인뿐만이 아니라 사람이라면 심각하게 인식해야 할 만고불변의 진실이겠다.

일반적으로 주변세계에 대한 관심은 가족들뿐만 아니라 평소에 알고 지내는 사람들 사이의 관계와 동일해야 한다. 만일 동일하지 않다면 그가 가지고 있는 관계는 가식적이고 허구적일 수밖에 없다. 왜냐하면 모든 올바른 관계는 원칙적으로 "사랑"이어야 하기 때문이다. 시인은 그러한 올바른 관계를 제대로 짚어내었으며, 그렇게 짚어낸 사랑의 몸부림을 현실 안에서 제대로 수행하지 못함에 깊은 가슴앓이를 하고 있는 것이 아닌가 싶다. 나는 그러한 시인의 모습을 여러 시편 이곳저곳에서 발견한다.

> 사랑한다, 한다/속삭였지만/그대 귀에는 바람소리//(중략)//다가설 수 없네요/이토록 가까운데//고동치는 소리로/북 울리던 심장
>
> —「갈증」 부분

> 붉다, 더 붉다/그댈 위해 버린 정(情)
>
> —「찔레」 부분

> 하늘이시여/이 몸은 물의 신 하백의 딸/또 한 해 봄 다하도록/떠난 이 기다리며/머리채/길게 늘이는/제 모습 보옵니다
>
> —「주산지, 늦봄」 부분

주변세계, 만나는 뭇 생명체들마다 시인은 자신이 감추고 아껴두었던 사랑의 고백으로 자신의 뜨거운 마음을 전한다. 이것은 '의인화' 를 넘어서는 행위 곧 시인의 사물에 대한 '물화(物化)' 이고 또 '체화(體化)' 다. 다시 말해서 이는 장자(莊子)가 말했던 바로 그 '제물론(齊物論)' 과 흡사

하다고 말할 수 있을 것이다. 하지만 시인의 심경은 참을 수 없는 현실이라는 공간과 시간에 매여있어서 참담하고 암울한 자신의 처지를 토로하는 것처럼 보인다.

> 아, 산도/저렇듯 보듬고/물 저렇듯 나눔 아는데
>
> ―「천왕봉 삼파수(天王峯 三派水)」 부분

> 저녁놀/시린 어깨에/한참 섰다 이운다
>
> ―「겨울나무 2」 부분

시인의 마음으로서는 이미 주변에 널려져 있는 온갖 사 사물물과 '하나 될' 채비가 다 구비되었다. 하지만 그러한 채비는 어디까지나 채비일 뿐 '동화(同化)' 되기까지는 아직 갈 길이 멀고 바쁘다. 시간적으로나 공간적으로뿐만 아니라 현실적인 삶의 무게 따위로 인해 그저 '물화' 나 '체화' 나 '동화' 만을 느낌으로만 감응될 뿐 실제 생활에서는 어찌할 수 없는 '한계상황' 이 그를 참을 수 없는 존재로 전락하게 만든 것처럼 보인다. 이 한계상황의 끝은 곧 '죽음' 일 것이다. 시인은 그러한 한계상황을 일찍이 체득한 바가 있었던 '바로 그것' 이라고 여겼는지도 모를 일이다.

> 다 닳아진 가슴팍/마른 샘 바닥인데//한 길 더 퍼내어서/

또 주고 싶으시다//그 눈빛/훍내 나는 맘/눈이 글썽 시리다

—「어머니」 전문

시인이 인간의 '한계상황'을 다른 사람들보다 비교적 일찍 인지한 것은 순전히 그의 시편 가운데서 빛나는 '인생론' 덕분이 아닌가 싶다. 인생론의 끝은 곧 죽음이고, 죽음은 다른 사물들과 하나 될 수 있다는 또 다른 출구다. 이 출구는 곧 한계상황을 극복해낼 수 있는 해방구며, 어디에도 매이지 않고 자유로이 떠다닐 수 있는 일종의 종교적 구원(救援) 또는 해탈의 경지와도 통한다. 어쩌면 시인은 그의 시조 속에서 현실적으로 극복하기 힘든 인간의 한계상황을 극복해보려는 열망 아니 소망의 의지를 담으려 했던 것일지도 모르겠다.

4.

이제 시인이 들고 온 시편 뭉치를 읽은 결론적 소감을 말할 때가 온 것 같다. 시인은 자신의 삶을, 인생 전체를 주변에서 이렇게 혹은 저렇게 존재하는 사사물물과의 관계 안에서 서로 함께, 하나 될 수 없는 심각한 한계상황을 깨달은 지금, 그는 그것을 극복하려는 방편으로 종교적 신앙에로 귀의하려는 모습을 내비친다. 사실상 내가 알기로 시인의 종교는 '천주교'이다. 천주교 신자로서 그는 다른

종교에 대해서도 깊은 관심을 가진다. 주지하듯이 천주교는 하느님에 대한 신앙을 사는 종교다. 그런데 뜻밖에도 그는 천주교뿐만 아니라 타종교에 대해서도 외연을 확대한다. 어찌 보면 흡사 범신론자처럼 보일 정도로 지극하고도 절절하다.

세상에 존재하는 종교의 궁극적 목적이나 존재 이유는 하나일 것이다. 그것은 '인간의 행복' 이다. 세상에 태어난 인간이면 남녀노소, 빈부귀천을 막론하고 충분히 행복할 권리가 있고, 또 그렇게 되어져야만 한다. 그러한 사실을 가르쳐주고 또 직접 실행해 보이며, 실행되도록 노력하고 애를 쓰는 것이 세상에 존재하는 모든 종교들의 공통적인 존재 이유가 아니던가?

사모하옵는 해모수여/푸른 솔처럼 늠름하던 모습에/온 마음 빼앗겼던/겨울이며 여름, 가을이여/그 봄날/ 님 태운 하늘수레가/저 너머 아득하여이다

—「주산지, 늦봄」 부분

산과 강을 만나듯 땅과 하늘 마주 보듯/예수와 석가모니 도란도란 잠이 드는/여기는 피안(彼岸) 이르는 길, 이곳에 평화

—「어느 시인의 저녁」 부분

하느님 날 빚어내실 때도 이리 생각하셨을까?

—「송편」 부분

시인이 이렇듯이 종교적 신앙에로 귀의하여 꼬이고 꼬인 인생의 한계상황을 타파할 해법도 역시 부모님으로부터 습득한 것이라고 감히 말하고 싶다. 시인은 기회 있을 때마다 부모님과의 아련한 기억 혹은 추억을 마치 현재진행형인 약속처럼 안고 살아간다. 마치 길가에 늘어선 해바라기마저 “까맣게 볕 그을려/주름살도 익은 얼굴/고향집 울타리에 키 한껏 늘이고 선/추석날/자식 오는 길/굽어보는 어머니”(「해바라기」) 로 여길 정도로 시인의 가슴속엔 부모님이 살아계시기 때문이다.

공책에 또박또박 성서를 베끼시며/가족 위해 자녀 위해 묵주를 꺼내드는/어매는 세파에 씻겨 바위처럼 꽃이 핀다

—「마른 이끼」 부분

시인이 순전히 자신의 살아온 생애를 통해 습득한(부모와 자연으로부터 습득한) 그것이 신앙과 맞물려 현재적 삶을 형성하고, 그렇게 형성된 삶을 가지고 미래로 향하려는 출발선상에 지금 막 서 있는 것이 아닌가 싶다. 그러한 과

정 속에서 시인은 그와 관계한 모든 분들에게 감사를 드리는 것도 잊지 않는다. 특별히 나를 빚어주신 예수님과 낳아주시고 길러주신 부모님께 깊은 감사를 드린다.

너희 중 죄 없는 자, 먼저 이 여인을 쳐라/마음의 물길 여는 고요로운 그 음성/돌멩이 나도 모르게 발 아래로 던지나니//나의 죄 아니 묻고 돌아가라 하시니/돌팔매 상처보다 더 또렷한 그 음성/아, 당신 나의 올무를 늦추고 계셨습니다

—「돌멩이 놓아버리고」 부분

어머니 고맙습니다, 아버지 고맙습니다//고사리손이 빚은 어버이날 꽃송이들//내소사 대웅전 문살에 사뿐사뿐 앉아있다//내 아이 처음 달아준 카네이션을 닮은//세월이 덖은 나무 꽃 숨결이 생생하다/순수한 저 장엄(莊嚴)의 빛, 빗살문 국화송이

—「국화꽃빗살문」 전문

시인은 자신의 인생 전체가 하느님께서 빚어낸 작품이기 때문에 소중하지만, 그럼에도 불구하고 현실적인 한계에 부딪쳐 죄를 지을 수밖에 없음을 솔직히 고백한다. 하지만 그렇게 자신이 저지른 죄에도 불구하고 "올무"를 늦

추어주시는 분께 감사를 드린다. 뿐만 아니라 자신의 아이들이 “어머니 고맙습니다, 아버지 고맙습니다”라고 한 대목을 가지고서 그 옛날 유년시절로 거슬러 올라 마치 자신이 부모님께 그러했던 것을 떠올리고 있는 듯하다. 다시 말해서 아이들의 고백을 통해 부모님께 감사를 드리는 것으로 대신한다.

나는 지금 시인의 고결한 시조를 시에 대한 어쭙잖은 지적 능력을 가지고 읽어내려 갔고, 읽은 소감을 알량한 수사기법으로 풀어감으로써 너무나도 간단하게 결론에 도달하려고 애를 쓰고 있다. 이것이 결국 시인에 대한 예의와 시조에 대한 모독이 되지 않을까 심히 걱정스럽지 않을 수 없다. 그러나 시인의 노래를 감상하면서 한 가지 분명하게 느낀 것은 바로 시인의 치열한 삶이 그대로 그의 노래 속에 박혀있다는 것이다. 그러한 진실 앞에 나 자신이 부끄럽기도 하고, 그러한 삶을 견지하려고 노력하는 시인의 삶의 태도가 사뭇 부럽기도 하다. 그러면서 동시에 나는 나의 인생은 어떻게 시작되었고, 지금 어디쯤에 서 있고 또 앞으로 어디를 향하여 나아갈 것인가를 되묻지 않을 수 없게 되었다. 진실을 말하자면, 나의 현재 심경으로는 이렇게 나를 되돌아보도록 나를 채찍질한 시인에게 “고맙습니다. 감사합니다.”라고 한없는 감사를 드리는 일뿐임을 잘 알게 되었다는 사실이다.

시인의 말

시조를 습작하던 때가 참으로 행복하였다. '시조' 가 지닌 형식이 '틀' 이 아니라 훨훨 날 수 있는 '여백' 으로 느껴져 이리저리 마구 날아다니곤 했다. 몰라서 부려온 치기를 묶어, 그 흔적을 책으로 내려 하니 또 부끄러움이다.

앞마당 꽃밭처럼, 힘들었던 당신 삶의 길도 꽃을 심고 가꾸시던 어머니의 결 고운 마음이 나에게는 늘 시의 씨앗이 되었다. 그 씨앗이 피운 꽃의 향기로 사람들을 만나고 싶다.

2013년 가을

신순말

단단한 슬픔

2013년 11월 11일 초판 1쇄 찍음
2013년 11월 15일 초판 1쇄 펴냄

지은이 _ 신순말
펴낸이 _ 양문규
펴낸곳 _ 詩와에세이

신고번호 _ 제319-2005-000014호
주소 _ (120-865) 서울시 서대문구 북아현동 1-495 2층
대표전화 _ (02)324-7653, 070-8877-7653
팩시밀리 _ 0505-116-7653
휴대전화 _ 010-5355-7565
전자우편 _ sie2005@naver.com
공 급 처 _ 한국출판협동조합
주문전화 _ (070)7119-1741~2
팩시밀리 _ (031)944-8234~6

ISBN 978-89-92470-89-6 03810